PARA LLEVAR
TO TAKE AWAY
A EMPORTER
TO TAKE AWAY
A EMPORTER
ZUM MITNEHMEN

www.falkemedia.de
Erstauflage
ISBN 978-3-942983-07-5

DIE GEHEIMEN REZEPTE DER Mafia

Italienisches Kochbuch von Don Coltello

INHALT

Aufgepasst, jetzt gibt es wirklich kein Entkommen mehr – es wird gefährlich lecker!

Hackkugeln mit Kartoffel-Pesto-Stampf

Für 4 Personen
Zubereitung 45 Minuten

- **400 g fettarmes Rinderhack**
- **1 Bund Basilikum, gehackt, einige Blätter für die Deko beiseite legen**
- **1 EL Worcestershiresauce**
- **1 TL fruchtiges italienisches Olivenöl**
- **350 g San Marzano Tomatensoße mit Zwiebeln und Knoblauch**
- **1 kg mehligkochende Kartoffeln, geschält**
- **250 ml Milch**
- **2 EL Basilikumpesto (Pesto alla Genovese)**
- **Italienisches Meersalz und frisch gemahlener schwarzer Pfeffer**

1 Das Hackfleisch mit der Hälfte des gehackten Basilikums, der Worcestershiresauce, Salz und Pfeffer mischen. Mit den Händen ca. 16 Hackkugeln formen.
2 Öl in einer Pfanne erhitzen und die Hackkugeln darin von allen Seiten goldbraun anbraten. Die Tomatensoße und das restliche Basilikum zugeben. 10 Minuten köcheln, bis die Hackkugeln ganz durch sind.
3 In der Zwischenzeit die Kartoffeln 20 Minuten kochen, bis sie weich sind. Abgießen, zurück in den Topf geben und stampfen. Die Milch unterrühren, dann das Pesto unterziehen.
Das Kartoffel-Pesto-Stampf auf 4 Teller geben, die Hackkugeln darauf verteilen, mit Basilikum garnieren und servieren.

Es wird italienisch gesprochen, gelacht und getanzt. Menschen essen, trinken und feiern ausgelassen. Nur einer sitzt in seinem düsteren Hinterzimmer und beobachtet die Hochzeit seiner Tochter durch ein Rollo. Don Vito Corleone (Marlon Brando) ist „Der Pate". In seinem gleichnamigen Film entführt uns Regisseur Francis Ford Coppola in eine Welt, in der Familienbande an erster Stelle steht und Widerspruch nicht akzeptiert wird.

Kartoffelsuppe mit Pesto alla Genovese

Für 4 Personen
Zubereitung 30 Minuten

- **800 g Kartoffeln**
- **1 Bund Lauchzwiebeln, in Ringe geschnitten**
- **1 Dose weiße Cannellini-Bohnen**
- **40 g italienische Pinienkerne aus Pisa**
- **1 Knoblauchzehe, geschält, halbiert**
- **Blätter von 2 Bund Basilikum**
- **25 g geriebener Parmesan (36 Monate gereift)**
- **20 g geriebener Pecorino Sardo**
- **5 EL ligurisches Olivenöl Extra Vergine**
- **800 ml Gemüsefond**
- **70 g sonnengetrocknete Datteltomaten, in Stücke geschnitten**
- **Italienisches Meersalz und frisch gemahlener schwarzer Pfeffer**

1 Die Pinienkerne in einer Pfanne ohne Fett goldbraun rösten. Basilikum, Parmesan, Pecorino Sardo, Knoblauch, Olivenöl und fast alle Pinienkerne (einige aufbewahren) im Mixer oder mit dem Pürierstab zerkleinern. Nach Geschmack salzen und pfeffern.
2 Die Kartoffeln schälen, waschen und würfeln. Gemüsefond aufkochen und die Kartoffeln darin ca. 15 Minuten kochen. 5 Minuten vor Ende der Kochzeit Tomaten und Bohnen dazugeben. Nach weiteren 3 Minuten die Lauchzwiebeln ebenfalls zugeben. Nach Geschmack salzen und pfeffern.
3 Die Suppe auf Teller verteilen, mit Pesto und den restlichen Pinienkernen servieren.

Würziges Hähnchen-Ciabatta

Für 4 Personen

Zubereitung 25 Minuten

- **4 Hähnchenbrustfilets**
- **2 frische italienische Ciabatta-Brote, halbiert**
- **1 Zucchini, in Scheiben**
- **Maionese all'Olio di Oliva**
- **Gemischter Salat nach Wahl**
- **Halbgetrocknete Kirschtomaten, halbiert**
- **2 EL kräftiges italienisches Olivenöl**
- **¼ TL getrocknete kalabrische Peperoncini**
- **Italienisches Meersalz und frisch gemahlener schwarzer Pfeffer**

1 Das Fleisch mit Salz, Pfeffer und Peperoncini einreiben, mit Öl bepinseln und zusammen mit der Zucchini auf den heißen Grill legen oder in der Pfanne anbraten.
2 Das Fleisch 5 Minuten von jeder Seite grillen oder braten. Die Zucchini nur jeweils 1 Minute.
3 In der Zwischenzeit die 4 halben Ciabatta-Brote aufschneiden und bei 200 Grad/Gas Stufe 6 im Ofen goldbraun rösten.
4 Dann jeweils 4 Brothälften mit Majonäse bestreichen und mit Salat, Fleisch, Zucchini und Tomaten belegen. Die restlichen Brothälften obenauf legen und die Sandwiches servieren.

„Der Pate" handelt von dem sizilianischen Jungen Vito, dessen Vater von der Mafia ermordet wird. Er flieht nach New York, wo er zum gefürchteten Mafia-Paten aufsteigt. Als er sich weigert, ins Drogengewerbe einzusteigen, bricht ein blutiger Mafia-Krieg aus. Don Vino übergibt die Verantwortung schließlich seinem jüngsten Sohn Sonny, dem es gelingt, die Macht des Familienclans noch weiter auszubauen.

Basilikum-Burger mit Piennolo-Tomaten

Für 4 Personen
Zubereitung 30 Minuten

- **2 EL Südtiroler Apfelessig**
- **1 TL brauner Zucker**
- **½ TL Südtiroler Bauernsenf**
- **500 g Rinderhack, frisch vom Metzger**
- **1 Bund Basilikum**
- **1 Eigelb**
- **1 EL mittelfruchtiges italienisches Olivenöl**
- **8 Piennolo-Tomaten**
- **4 Frühlingszwiebeln, in Ringe geschnitten**
- **4 Brötchen, aufgeschnitten, geröstet**
- **2 Kugeln Büffel-Mozzarella, in Stücke geteilt**
- **Italienisches Meersalz und frisch gemahlener schwarzer Pfeffer**

1 Essig, Zucker und Bauernsenf in einem kleinen Topf zum Kochen bringen und 1 Minute köcheln lassen, vom Herd nehmen und abkühlen lassen.
2 Hack, Basilikum und Eigelb vermischen und kräftig mit Salz und Pfeffer würzen. 4 Burger daraus formen.
3 Öl in einer Pfanne erhitzen und die Burger ca. 3 Minuten von jeder Seite anbraten, bis sie gebräunt, innen aber noch schön rosa sind.
4 Piennolo-Tomaten und Frühlingszwiebeln mit dem Essig verrühren. Die Burger in die Brötchen legen, Büffelmozzarella und die Tomatenmischung darübergeben und servieren.

Penne in Parmesancreme mit Lauch und Speck

Für 4 Personen
Zubereitung 20 Minuten

- **400 g Penne di Gragnano**
- **1 EL toskanisches Olivenöl**
- **100 g Südtiroler Speck, gewürfelt**
- **300 g Lauch, halbiert, in feine Ringe geschnitten**
- **100 g Parmesancreme**
- **Italienisches Meersalz und frisch gemahlener schwarzer Pfeffer**

1 Olivenöl in einer Pfanne erhitzen. Speck goldbraun anbraten, Lauch hinzufügen und glasig mitbraten.
2 In der Zwischenzeit die Pasta nach Packungsanweisung al dente kochen. Abgießen und eine Tasse des Nudelwassers aufbewahren.
3 Die Parmesancreme zu dem Lauch-Speck-Mix geben, das Nudelwasser zugeben. Würzen und bei geringer Hitze 5 Minuten köcheln, dabei ständig rühren. Die Pasta untermischen und servieren.

Linguine di Suocera mit Artischocken und Weißwein

Für 4 Personen

Zubereitung 40 Minuten

- **400 g Linguine di Suocera**
- **300 g toskanische Pancetta, in Streifen geschnitten**
- **1 EL kräftiges italienisches Olivenöl**
- **8 kleine Artischocken aus der Dose, in Stücke geschnitten**
- **1 Knoblauchzehe, geschält, gehackt**
- **1 kalabrischer Peperoncino, in Ringe geschnitten**
- **75 ml Pinot Grigio Weißwein**
- **½ Bund Petersilie, fein gehackt**
- **Italienisches Meersalz und frisch gemahlener schwarzer Pfeffer**

1 Die Pasta nach Packungsanweisung al dente kochen.
2 In der Zwischenzeit die Pancetta in einer Pfanne mit Öl kurz anbraten, dann Artischocken, Knoblauch und Peperoncino zugeben und ebenfalls kurz anbraten. Den Wein zugießen und ca. 8 Minuten fertig garen. Petersilie zugeben, salzen und pfeffern.
3 Die Pasta abgießen und in die Pfanne geben. Alles gut vermischen und sofort servieren.

Der internationale Bestseller wurde 1969 von Mario Puzo verfasst. Der Sohn italienischer Einwanderer wurde 1920 in New York geboren und verstarb 1999 auf Long Island.

Schinken mit Schuss

Für 4 Personen

Zubereitung 3,5 Stunden

- **8 dicke Scheiben gekochter Schinken**
- **Etwas Butter zum Fetten der Form**
- **350 ml Pinot Grigio Weißwein**
- **1 kleine Schalotte, geschält, gehackt**
- **300 g Champignons, in Scheiben geschnitten**
- **175 g italienische Sahne (Panna Cucina)**
- **1 EL Marsala**
- **Italienisches Meersalz**

1 Den Ofen auf 150 Grad/Gas Stufe 2 vorheizen. Eine ofenfeste Form mit Butter einfetten und den Schinken hineinlegen.
Die Hälfte des Weißweins zugießen, mit Alufolie abdecken und 3 Stunden im Ofen backen.
2 Schalotte, Pilze und den restlichen Weißwein in einem Topf aufkochen, die Sahne unterrühren und leicht köcheln lassen. Den Bratensud vom Schinken zugießen und die Flüssigkeit einkochen.
3 Marsala zugeben, einrühren und salzen. Den Schinken auf eine Platte geben, mit der Pilzsoße übergießen und servieren.

„Ich mache ihm ein Angebot, das er nicht ablehnen kann" – dieses Zitat aus dem Film „Der Pate" (The Godfather) zählt wohl zu den bekanntesten der Filmgeschichte.
Aufgrund seiner schwierigen Kindheit konnte der Pate (gespielt von Marlon Brando) mit Ablehnung nur äußerst schwer umgehen, was für den unwilligen Geschäftspartner ziemlich unangenehme Folgen haben konnte.

Spiegeleier in Rotwein

Für 4 Personen

Zubereitung 40 Minuten

- **6 EL natives Olivenöl extra**
- **2 Zwiebeln, geschält, in dünne Ringe geschnitten**
- **1 TL Zucker**
- **2 EL Aceto Balsamico (mind. 8 Jahre gelagert)**
- **1 EL Weinessig**
- **5 EL Rotwein**
- **8 Eier**
- **Italienisches Meersalz und frisch gemahlener schwarzer Pfeffer**

1 4 EL Öl in einer Pfanne erhitzen, Zwiebeln zugeben und braten, bis sie gebräunt sind. Etwas Wasser und den Zucker zufügen. Die Temperatur reduzieren und ca. 20 Minuten andünsten, bis die Zwiebeln weich sind.

2 Balsamico- und Weinessig zugeben und kochen, bis beide Sorten verdampft sind. Den Rotwein zugeben und auf die Hälfte reduzieren lassen, salzen und pfeffern.

3 Die Eier in eine andere Pfanne mit dem restlichen Öl schlagen und einige Minuten garen. Dann zusammen mit der Zwiebel-Rotwein-Soße und etwas Brot servieren.

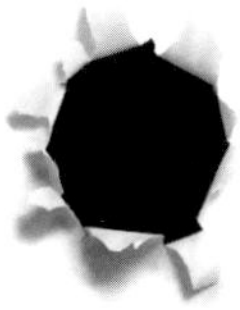

„Sangue" ist italienisch für Blut. Wenn Sie Ihr Steak schön rot mögen, erhitzen Sie das in Streifen geschnittene Fleisch nur ganz kurz, bevor Sie es servieren.

Wildes Bistecca alla Fiorentina al Sangue

Für 4 Personen

Zubereitung 20 Minuten

- **1 Bistecca alla Fiorentina (ca. 1 kg)**
- **3 Zwiebeln, geschält, in Ringe geschnitten**
- **4 Knoblauchzehen, geschält, in dünne Scheiben geschnitten**
- **1 TL getrockneter Oregano**
- **750 ml hochwertiger Rotwein Chianti DOCG**
- **800 g San Marzano Tomaten aus der Dose**
- **2 EL gutes toskanisches Olivenöl**
- **Italienisches Meersalz und frisch gemahlener schwarzer Pfeffer**

1 Öl in einer Pfanne erhitzen. Das Fleisch von beiden Seiten anbraten, bis es gebräunt ist. Salzen und pfeffern. Aus der Pfanne nehmen und auf einen Teller legen. Dann die Zwiebeln, den Knoblauch und Oregano in die Pfanne geben. 5 Minuten anbraten, bis die Zwiebeln goldbraun sind.

2 Wein und Tomaten ebenfalls in die Pfanne geben und 10 Minuten köcheln lassen, bis die Soße angedickt ist. Das Fleisch in Streifen schneiden, zurück in die Pfanne geben und erneut erhitzen. Zusammen mit Pasta oder Röstkartoffeln servieren.

Würzige Weißweinsuppe

Vorspeise für 4 Personen
Zubereitung 20 Minuten

- **2 Scheiben Ciabatta vom Vortag**
- **2 EL Butter**
- **Zimt**
- **250 ml kräftige Fleischbrühe**
- **150 ml trockener Weißwein von guter Qualität**
- **3 Eigelb**
- **100 g italienische Sahne (Panna Cucina)**
- **Muskatnuss, gerieben**
- **1 kleines Bund Schnittlauch, in Röllchen**
- **Italienisches Meersalz**

1 Das Brot entrinden und in kleine Würfel schneiden. Butter in einer Pfanne zerlassen und die Brotwürfel darin von allen Seiten goldbraun rösten. Aus der Pfanne nehmen, auf Küchenpapier abtropfen und abkühlen lassen. Mit etwas Zimt bestäuben.
2 Brühe und Wein in einem großen Topf aufkochen und vom Herd nehmen. Eigelb und Sahne verquirlen und unter Rühren langsam in die Flüssigkeit gießen.
3 Die Suppe bei geringer Hitze unter ständigem Schlagen mit dem Schneebesen dick und schaumig werden lassen, aber auf keinen Fall zum Kochen bringen.
4 Die Suppe mit Muskatnuss, Meersalz und wenig Zimt abschmecken. Auf Teller verteilen, mit Schnittlauchröllchen bestreuen und servieren.

Stampfkartoffeln mit Knoblauch

Für 4 Personen
Zubereitung 35 Minuten

- **1 große Knolle Knoblauch, in Zehen geteilt**
- **2 TL mildes Olivenöl Extra Vergine**
- **1 kg mehligkochende Kartoffeln, geschält und geviertelt**
- **150 g Sahne oder Milch**
- **50 g Butter**
- **Italienisches Meersalz und frisch gemahlener schwarzer Pfeffer**

1 Backofen auf 190 Grad Celsius/Gas Stufe 5 vorheizen. Die ungeschälten Knoblauchzehen in einer Schüssel mit dem Olivenöl vermischen, dann auf ein Backblech geben und im vorgeheizten Backofen etwa 20 Minuten rösten, bis sie sehr weich sind. Sie dürfen dabei ruhig etwas Farbe nehmen. Die Zehen dann aus dem Ofen nehmen und abkühlen lassen.
2 In der Zwischenzeit die Kartoffeln mit Wasser aufsetzen, Salz hinzugeben und bei mittlerer Hitze je nach Größe etwa 20 Minuten gar kochen, dann abgießen und auf der Herdplatte etwas ausdämpfen lassen.
3 Den etwas abgekühlten Knoblauch wie eine cremige Paste aus den Häutchen drücken und zusammen mit Sahne/Milch und Butter zu den Kartoffeln geben und gut durchstampfen. Mit Salz und Pfeffer abschmecken und zu gebratenem Gemüse, Fisch oder geschmortem Fleisch servieren.

TIPP: Der geröstete Knoblauch verliert im Ofen seinen leicht scharfen Beigeschmack und bekommt ein schönes, süßliches Aroma.

Knoblauchsuppe

Für 4 Personen

Zubereitung 2 Stunden

- **2 Knollen Knoblauch**
- **2 EL Knoblauch-Olivenöl**
- **300 ml Weißwein Sauvignon Colli Berici**
- **600 ml Hühnerbrühe**
- **300 g italienische Sahne (Panna Cucina)**
- **3 mittelgroße mehligkochende Kartoffeln**
- **Italienisches Meersalz und frisch gemahlener schwarzer Pfeffer**

1 Knoblauchknollen in Zehen teilen, diese schälen und halbieren. Das aromatisierte Olivenöl in einem Topf erhitzen und den Knoblauch bei mittlerer Hitze darin anschwitzen, er sollte jedoch keine Farbe annehmen. Mit Wein ablöschen, dann Brühe und Sahne hinzugeben und die Suppe 90 Minuten leicht köcheln lassen.

2 In der Zwischenzeit Pellkartoffeln kochen und anschließend pellen und in Würfel schneiden. Mit ihnen wird die Suppe später gebunden.

3 Suppe nach 90 Minuten Kochzeit mit dem Stabmixer pürieren. Nach und nach die Kartoffelwürfel mitmixen, bis die gewünschte Konsistenz erreicht ist, eventuell benötigen Sie nicht alle Kartoffeln.

4 Suppe durch ein feines Sieb in einen anderen Topf füllen, mit Salz und Pfeffer abschmecken, nach Belieben noch einmal schaumig aufmixen und heiß servieren.

Eingelegter Knoblauch

Für ca. 4 Gläser à 200 ml
Zubereitung 60 Minuten zzgl. Kühlzeit

- **2-3 Knollen junger Knoblauch**
- **2 sizilianische Lorbeerblätter**
- **3 getrocknete rote kalabrische Peperoncini**
- **3 Zweige frischer Rosmarin**
- **1 ½ TL schwarze Pfefferkörner**
- **Ca. 750 ml naturtrübes Olivenöl Extra Vergine**

1 Knoblauch in Zehen zerteilen, diese jedoch nicht schälen. Knoblauchzehen zusammen mit Lorbeerblättern, Peperoncini, Rosmarin und Pfefferkörnern in einen Topf geben und mit Olivenöl bedecken. Je nach Größe des Topfes und der Knoblauchzehen benötigen Sie mehr oder weniger Öl.
2 Den Topf auf den Herd stellen und bei kleiner Hitze erwärmen. Es soll jedoch nicht kochen. Für etwa 50 Minuten simmern lassen, dann abkühlen lassen und in Gläser füllen. Diese können etwa 4 Wochen im Kühlschrank aufbewahrt werden.

TIPP: Garen Sie den Knoblauch im Würzöl, bis er sehr weich ist. Dann können Sie den cremigen Knoblauch aus der Haut drücken und auf geröstete Brotscheiben streichen. Bestreuen Sie das Brot anschließend mit etwas Meersalz und servieren Sie es als Beilage zu Salat oder Fisch.

Garnelen mit Knoblauch

Für 4 Personen

Zubereitung 15 Minuten

- **500 g rohe Garnelen**
- **1 getrockneter roter kalabrischer Peperoncino**
- **5 Knoblauchzehen**
- **5 EL mildes natives Olivenöl Extra Vergine**
- **½ Bund Petersilie, grob gehackt**
- **Italienisches Meersalz und frisch gemahlener schwarzer Pfeffer**

1 Garnelen schälen und waschen, dann trocken tupfen. Peperoncino fein hacken. Knoblauch schälen und ebenfalls fein hacken.

2 Olivenöl in einer großen Pfanne erhitzen und die Garnelen bei sehr hoher Hitze scharf anbraten, dann Peperoncino und Knoblauch zugeben und 2–3 Minuten mitbraten. Die Garnelen sollten außen eine goldbraune Farbe haben, innen aber noch etwas glasig sein. Mit Meersalz und Pfeffer würzen und erst kurz vor dem Servieren die Petersilie unterrühren.

Der Spielfilm „Der Pate" mit Al Pacino und Marlon Brando in den Hauptrollen war für insgesamt elf Oscars nominiert, von denen er drei gewann: für den besten Film, den besten Hauptdarsteller (Marlon Brando) und für das beste adaptierte Drehbuch (Autor Mario Puzo und Regisseur Francis Ford Coppola). Marlon Brando lehnte den Preis aus Protest gegen den bis zu dieser Zeit verbreiteten abwertenden Umgang der US-amerikanischen Filmindustrie mit den Indianern ab.

Kartoffel-Pizza mit Speck und Rosmarin

Für 4 Personen

Zubereitung 60 Minuten

- **500 g italienisches Pizza Mehl Tipo 00, zzgl. Mehl zum Verarbeiten**
- **½ Würfel Hefe (21 g)**
- **1 Prise Zucker**
- **250 ml lauwarmes Wasser**
- **3 EL naturtrübes Olivenöl**
- **250 g Ricotta**
- **1 EL Wasser**
- **6 Zweige frischer Rosmarin, Nadeln grob gehackt**
- **400 g festkochende Kartoffeln, geschält, gewaschen**
- **8 Scheiben Südtiroler Speck, in je 3 Stücke geschnitten**
- **Italienisches Meersalz und gemahlener schwarzer Pfeffer**

1 Mehl in eine Schüssel geben und in die Mitte eine Mulde drücken. Hefe und Zucker im lauwarmen Wasser auflösen und in die Mulde gießen. Mit 1 ½ TL Salz und Öl zu einem glatten Teig verkneten. Zugedeckt ca. 30 Minuten gehen lassen.
2 Ricotta mit Wasser verrühren, salzen und pfeffern. Kartoffeln mit einem Küchenhobel in dünne Scheiben schneiden.
3 Backofen auf 250 Grad Celsius/Gas Stufe 9 vorheizen. Teigkugel in 4 Stücke teilen und auf der bemehlten Arbeitsfläche rund ausrollen (ca. 20 cm Durchmesser). Je 2 Pizzaböden auf ein mit Backpapier ausgelegtes Blech legen. Ricottamasse auf die Böden verteilen und verstreichen. Mit je ¼ der Kartoffeln belegen, mit Rosmarin bestreuen und mit je 6 Speckscheiben belegen.
4 Die Pizzen nacheinander ca. 12 Minuten goldbraun backen. Herausnehmen und servieren.

Frikadellen mit getrockneten Tomaten und Büffelmozzarella

Für 4 Personen

Zubereitung 25 Minuten

- **5 Stiele frischer Oregano**
- **400 g gemischtes Hack**
- **1 Zwiebel, geschält, gewürfelt**
- **1 Knoblauchzehe, geschält, gewürfelt**
- **30 g halbgetrocknete Tomaten, gewürfelt**
- **1 Ei**
- **4 EL Semmelbrösel**
- **1 TL Südtiroler Bauernsenf**
- **1 TL Paprikapulver edelsüß**
- **125 g Büffelmozzarella**
- **6 EL natives Olivenöl extra**
- **200 g Rucola**
- **Italienisches Meersalz und frisch gemahlener schwarzer Pfeffer**

1 Oregano waschen und trocken schütteln. Blättchen von den Stielen zupfen, einige Blättchen für die Garnitur beiseite legen. Übrige Blätter grob hacken.

2 Hack, Zwiebel, Knoblauch, Tomaten, Ei, Semmelbrösel, Oregano und Senf verkneten. Mit Salz, Pfeffer und Paprika würzen.

3 Mozzarella in 8 Würfel schneiden. Hackmasse zu 8 Frikadellen formen und mit je einem Würfel Käse füllen. 4 EL Öl in einer Pfanne erhitzen, die Frikadellen unter Wenden ca. 10 Minuten bei mittlerer Hitze darin anbraten.

4 In der Zwischenzeit Rucola waschen, trocken schleudern. Mit restlichem Öl mischen und mit Salz und Pfeffer würzen. Frikadellen mit Rucola auf Tellern anrichten und servieren.

Pizzabrötchen mit Nduja-Oliven und Balsamico-Tomaten

Für 20 Stück

Zubereitung 50 Minuten

- **400 g italienisches Pizza Mehl Tipo 00, zzgl. Mehl zum Verarbeiten**
- **½ Würfel Hefe (21 g)**
- **1 Prise Zucker**
- **140 ml lauwarmes Wasser**
- **6 EL naturtrübes Olivenöl Extra Vergine**
- **2 rote Zwiebeln, geschält, in dünnen Spalten**
- **2 Knoblauchzehen, geschält, in Scheiben**
- **4 EL Aceto Balsamico (mind. 8 Jahre gelagert)**
- **500 g Piennolo-Tomaten, gehackt**
- **5 Stiele frischer Thymian**
- **1 Zweig frischer Rosmarin**
- **1 EL sizilianischer Honig**
- **20 grüne Oliven, mit kalabrischer Nduja gefüllt**
- **Italienisches Meersalz und frisch gemahlener schwarzer Pfeffer**

1 Das Pizza Mehl Tipo 00 in eine Schüssel geben, in die Mitte eine Mulde drücken. Hefe und Zucker im lauwarmen Wasser auflösen, in die Mulde gießen. Mit ½ TL Salz und 2 EL Olivenöl zu einem glatten Teig verkneten. Zugedeckt ca. 30 Minuten gehen lassen.

2 Restliches Olivenöl in einem breiten Topf erhitzen. Zwiebeln und Knoblauch bei mittlerer Hitze ca. 3 Minuten anbraten. Mit Essig ablöschen, Piennolo-Tomaten zugeben und bei niedriger Hitze ca. 10 Minuten köcheln lassen. Thymianstiele und Rosmarinzweig zu den Tomaten geben. Mit Salz, Pfeffer und Honig abschmecken. Abkühlen lassen.

3 Teig auf der bemehlten Arbeitsfläche durchkneten und in 20 gleich große Stücke teilen. Aus den Teigstücken mit bemehlten Händen 20 Brötchen formen und auf die mit Backpapier ausgelegten Backbleche legen. Nochmals 20 Minuten gehen lassen. Backofen auf 200 Grad Celsius/Gas Stufe 6 vorheizen. In jedes Brötchen eine Olive tief eindrücken und im vorgeheizten Backofen ca. 12 Minuten backen. Brötchen aus dem Backofen holen und mit den Balsamico-Tomaten servieren.

Die Mafia wollte damals ursprünglich die Verfilmung von „Der Pate" verhindern, der Produzent Albert S. Ruddy wurde sogar bedroht.

Pizza Antipasti

Für 4 Personen
Zubereitung 85 Minuten

- **500 g italienisches Pizza Mehl Tipo 00, zzgl. Mehl zum Verarbeiten**
- **½ Würfel Hefe (21 g)**
- **1 Prise Zucker**
- **250 ml lauwarmes Wasser**
- **5 EL naturtrübes Olivenöl Extra Vergine**
- **1 rote und 1 gelbe Paprika**
- **1 kleine Zucchini**
- **1 kleine Aubergine**
- **6 Artischockenherzen in Öl (Dose oder Glas)**
- **100 g Champignons**
- **5 Stiele frischer Thymian**
- **2 Zweige frischer Rosmarin**
- **2 Knoblauchzehen, geschält, in Scheiben**
- **150 g passierte Piennolo-Tomaten**
- **1 TL getrocknete Kräuter aus der Toskana**
- **1 Prise Zucker**
- **100 g Parmesan (36 Monate gereift), gehobelt**
- **Italienisches Meersalz und frisch gemahlener schwarzer Pfeffer**

1 Mehl in eine Schüssel geben, in die Mitte eine Mulde drücken. Hefe und Zucker im lauwarmen Wasser auflösen, in die Mulde gießen. Mit 1 ½ TL Salz und 3 EL Öl zu einem glatten Teig verkneten. Zugedeckt ca. 30 Minuten gehen lassen.
2 Rote und gelbe Paprika sowie Zucchini und Aubergine putzen, waschen und in kleine Stücke schneiden.

Abgetropfte Artischocken ebenfalls in Stücke schneiden, Champignons putzen und halbieren. 2 EL Olivenöl in einer Pfanne erhitzen, das Gemüse bei mittlerer Hitze ca. 5 Minuten darin anbraten. Thymian, Rosmarin und Knoblauch zugeben und mit Salz und Pfeffer würzen. Abkühlen lassen.

3 Backofen auf 200 Grad Celsius/Gas Stufe 6 vorheizen. Teig in vier Portionen teilen, auf der bemehlten Arbeitsfläche dünn ausrollen und jeweils zwei Teigfladen auf ein mit Backpapier belegtes Backblech legen. Passierte Tomaten mit toskanischen Kräutern, Zucker, Salz und Pfeffer abschmecken. Pizzaböden damit bestreichen und das Gemüse darauf verteilen. Im vorgeheizten Backofen ca. 25 Minuten backen, dann aus dem Backofen nehmen, mit Parmesan und Pfeffer bestreuen und sofort servieren.

„Wir sprechen nicht bei Tisch über Geschäfte."
(Aus „Der Pate I", 1971)

Pizzaecken mit Avocado-Orangen-Tomaten-Salat

Für 4 Personen

Zubereitung 75 Minuten

- **375 g italienisches Pizza Mehl Tipo 00, zzgl. Mehl zum Verarbeiten**
- **1 Würfel Hefe (42 g)**
- **1 Prise Zucker**
- **180 ml lauwarmes Wasser**
- **9 EL naturtrübes Olivenöl Extra Vergine**
- **2 Bio-Orangen**
- **250 g Kirschtomaten, halbiert**
- **3 Schalotten, geschält, in Ringen**
- **2 Knoblauchzehen, geschält, gewürfelt**
- **2 reife Avocados, geschält, gewürfelt**
- **Saft von ½ Bio-Zitrone**
- **1 TL getrockneter sizilianischer Thymian**
- **Italienisches Meersalz und frisch gemahlener schwarzer Pfeffer**

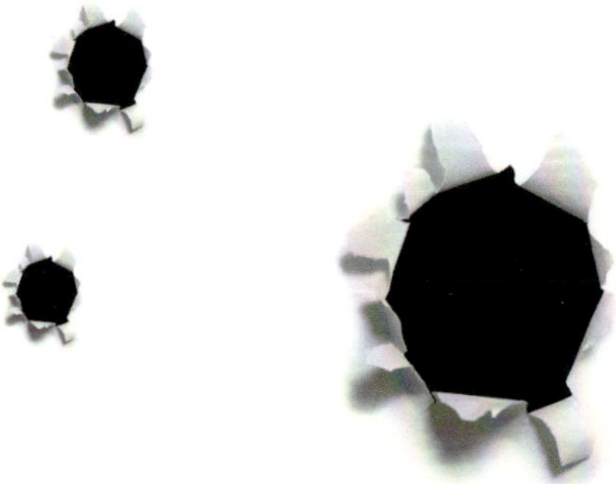

1 Mehl in eine Schüssel geben und in die Mitte eine Mulde drücken. Hefe und Zucker im lauwarmen Wasser auflösen, in die Mulde gießen. Mit ½ TL Salz, Thymian und 4 EL Öl zu einem glatten Teig verkneten. Zugedeckt ca. 30 Minuten gehen lassen.
2 Orangen gründlich waschen, dann so schälen, dass die weiße Haut vollständig entfernt ist. In dünne Scheiben schneiden und halbieren. Mit Tomaten, Schalotten, Knoblauch und Avocado in einer Schüssel vermischen. Zitronensaft und das restliche Öl zugeben. Mit Salz und Pfeffer abschmecken.
3 Backofen auf 175 Grad/Gas Stufe 4 vorheizen. Pizzateig auf bemehlter Arbeitsfläche rechteckig dünn ausrollen, mit einem Messer 20 Dreiecke ausschneiden und auf 2 mit Backpapier ausgelegte Backbleche legen. Im vorgeheizten Backofen ca. 12 Minuten backen.
4 Pizzaecken aus dem Backofen holen, kurz abkühlen lassen und mit dem Salat servieren.

Der erste Teil des weltberühmten Gangsterepos spielte insgesamt 245 Millionen Dollar in den Kinos ein. 1974 und 1990 entstanden zwei Fortsetzungen.

Mini-Pizzen mit Ziegenkäse, roten Zwiebeln und Lauch

Für 4 Pizzen

Zubereitung 75 Minuten

- **125 ml Milch**
- **250 g italienisches Pizza Mehl Tipo 00, zzgl. Mehl zum Verarbeiten**
- **1 Prise Zucker**
- **½ Würfel Hefe (21 g)**
- **4 EL naturtrübes Olivenöl Extra Vergine**
- **1 Stange Lauch**
- **250 g piemontesischer Ziegenfrischkäse**
- **2 EL Zitronensaft**
- **3 rote Zwiebeln, geschält, in Scheiben**
- **150 g gereifter piemontesischer Ziegenkäse**
- **Italienisches Meersalz und frisch gemahlener schwarzer Pfeffer**

1 Milch lauwarm erwärmen. Mehl, 1 TL Salz und Zucker in eine Rührschüssel geben. Hefe mit lauwarmer Milch verrühren. Hefemilch, 2 EL Öl und die Mehlmischung mit den Knethaken des Handrührgerätes zu einem glatten Teig verarbeiten. Zugedeckt an einem warmen Ort ca. 30 Minuten gehen lassen.
2 Lauch putzen, in schräge Scheiben schneiden und gründlich waschen. Gut abtropfen lassen. 1 EL Öl in einer Pfanne erhitzen und die Lauchscheiben darin bei mittlerer Hitze ca. 3 Minuten anbraten. Mit Salz und Pfeffer würzen und abkühlen lassen. Ziegenfrischkäse mit Zitronensaft verrühren. Teig in 4 gleich große Stücke teilen und auf der bemehlten Arbeitsfläche dünn ausrollen. Jeweils 2 Teigkreise auf ein mit Backpapier ausgelegtes Backblech legen. Mit etwas Olivenöl bestreichen.

Ziegenkäse mit den Händen zerbröseln. Pizzen mit der Ziegenfrischkäsemasse bestreichen. Gleichmäßig mit roten Zwiebeln, Lauch und Ziegenkäse belegen.

3 Backofen auf 200 Grad Celsius/Gas Stufe 6 vorheizen. Die Pizzen nochmals ca. 10 Minuten an einem warmen Ort gehen lassen. Dann im vorgeheizten Backofen ca. 20 Minuten backen. Pizzen aus dem Backofen holen, mit Pfeffer bestreuen und sofort servieren.

„Er sagte ihm, entweder kommt seine Unterschrift oder sein Gehirn auf den Vertrag." (Aus „Der Pate I", 1971)

Gefüllte Tomaten mit Salbeipolenta

Für 4 Personen
Zubereitung 70 Minuten

- **4 große Tomaten (ca. 600 g)**
- **½ Bund frischer Oregano**
- **250 g gemischtes Hack**
- **2 Zwiebeln, geschält, gewürfelt**
- **50 g Gorgonzola Piccante**
- **3 EL Pinienkerne aus Pisa**
- **100 ml Gemüsebrühe**
- **1 EL kräftiges toskanisches Olivenöl**
- **2 Knoblauchzehen, geschält, gewürfelt**
- **1250 ml Milch**
- **250 g Polenta (Maisgrieß)**
- **½ Bund frischer Salbei**
- **10 g Butter**
- **Italienisches Meersalz und frisch gemahlener schwarzer Pfeffer**

1 Tomaten putzen, waschen und jeweils einen Deckel abschneiden. Das Innere der Tomate mit einem Löffel herauslösen und fein würfeln. Oregano waschen, trocken schütteln. Blätter abzupfen und hacken.

2 Fleisch, die Hälfte der Zwiebelwürfel, sowie Tomatenwürfel, Gorgonzola und Pinienkerne in eine Schüssel geben, mit den Händen verkneten. Mit Salz, Pfeffer und Oregano würzen.

3 Backofen auf 200 Grad Celsius/Gas Stufe 6 vorheizen. Tomaten in eine Auflaufform setzen. Mit der Hackfleischmasse füllen. Brühe angießen. Im vorgeheizten Backofen ca. 25 Minuten backen.

4 Für die Polenta Öl in einem Topf erhitzen und übrige Zwiebelwürfel und Knoblauch darin bei mittlerer Hitze ca. 3 Minuten farblos anschwitzen. Milch angießen, mit 1 TL Salz würzen und aufkochen. Topf vom Herd nehmen. Polenta unter ständigem Rühren einstreuen, sodass keine Klümpchen entstehen. Wieder auf den Herd stellen und bei sehr schwacher Hitze ca. 20 Minuten quellen lassen. Dabei mehrmals umrühren, damit sie nicht ansetzt. Salbei waschen und trocken schütteln, dann die Blätter abzupfen und in Streifen schneiden. Butter und Salbei unter die Polenta heben und mit Salz und Pfeffer abschmecken.

5 Tomaten aus dem Backofen nehmen, auf Teller setzen und mit der Salbeipolenta servieren.

Die Dreharbeiten begannen am 29. März und endeten am 8. August 1971. In Corleone, der eigentlichen Heimatstadt des Paten, konnte nicht gedreht werden, da sie mittlerweile viel weiter entwickelt war und nicht mehr der Kleinstadt der 1950er Jahre entsprach. Stattdessen wurden die Kleinstädte Forza d'Agrò und Savoca in der sizilianischen Provinz Messina als Drehorte auserkoren.

Hackklöße in Zitronensoße

Für 4 Personen
Zubereitung 40 Minuten

- **500 g Rinderhack**
- **2 Schalotten, geschält, gewürfelt**
- **2 EL Ricotta**
- **1 Ei**
- **4 EL Semmelbrösel**
- **2 EL naturtrübes Olivenöl Extra Vergine**
- **200 ml Milch**
- **150 g italienische Sahne (Panna Cucina)**
- **1 Bio-Zitrone, gewaschen, trocken gerieben**
- **1 Lorbeerblatt**
- **1–2 EL Speisestärke**
- **1 Prise Zucker**
- **2 EL Kapern aus Pantelleria + Kapernbeeren zum Garnieren**
- **4 Stiele Petersilie, gehackt**
- **Italienisches Meersalz und gemahlener schwarzer Pfeffer**

1 Hackfleisch, Schalotten, Ricotta, Ei, Semmelbrösel, Salz und Pfeffer vermengen und zu kleinen Klößen formen.
2 Öl in einer Pfanne erhitzen, die Klöße darin ca. 5 Minuten bei mittlerer Hitze anbraten. Herausnehmen und beiseitestellen.
3 Bratensatz mit Milch und Sahne ablöschen. Zitronenschale fein abreiben. Zitrone auspressen. Lorbeer und Zitronensaft zugeben und aufkochen. Stärke mit etwas Wasser verrühren, in die Soße rühren und aufkochen. Mit Salz, Zucker und Pfeffer abschmecken.
4 Klöße, Kapern und die Hälfte der Zitronenschale in der Soße erhitzen. Klöße in Schüsseln geben, mit Zitronenschale, Petersilie und Kapernbeeren garnieren und servieren.

Gemüse-Bohnen-Eintopf mit Hack

Für 4 Personen

Zubereitung 45 Minuten

- **2 Dosen Borlotti Bohnen (Abtropfgewicht 480 g)**
- **1 Zwiebel, geschält, gewürfelt**
- **2 Knoblauchzehen, geschält, gewürfelt**
- **400 g Zucchini**
- **2 Möhren, geschält, gewaschen, in Scheiben geschnitten**
- **2 Lauchzwiebeln, gewaschen, schräg in Ringe geschnitten**
- **2 EL kräftiges Olivenöl Extra Vergine**
- **1 EL Butter**
- **350 g gemischtes Hackfleisch**
- **½ EL Tomatenmark Doppio Concentrato di Pomodoro**
- **800 ml Gemüsebrühe**
- **1 Prise Zucker**
- **1–2 EL Balsamico Bianco (heller Balsamicoessig)**
- **Italienisches Meersalz und frisch gemahlener schwarzer Pfeffer**

1 Bohnen in ein Sieb geben, unter kaltem Wasser abspülen und abtropfen lassen.

2 Zucchini längs halbieren und in dicke Scheiben schneiden.

3 Öl und Butter in einem Topf erhitzen. Hackfleisch und Möhren darin 3 Minuten anbraten, dann Zwiebel, Knoblauch und Zucchini zugeben. Tomatenmark einrühren und kurz mit anschwitzen.

4 Gemüsebrühe angießen und bei mittlerer Hitze aufkochen lassen. Bohnen zugeben und ca. 15 Minuten leicht köcheln lassen. Mit Salz, Pfeffer, Zucker und Essig kräftig abschmecken. Eintopf in tiefen Tellern anrichten, mit Frühlingszwiebeln bestreuen und servieren.

Focaccia mit Hack, Pinienkernen & Aubergine

Für 1 große Foccacia
Zubereitung 80 Minuten

- **500 g Farina di Grano Duro (italienischer Hartweizengrieß), zzgl. Mehl zum Verarbeiten**
- **1 TL Zucker**
- **½ Würfel frische Hefe (21 g)**
- **250 ml lauwarmes Wasser**
- **5 EL naturtrübes Olivenöl Extra Vergine, zzgl. Olivenöl zum Fetten des Blechs**
- **2 kleine Auberginen**
- **400 g Hähnchenbrustfilet**
- **1 TL Paprikapulver edelsüß**
- **10 Stiele frischer Thymian**
- **40 g Pinienkerne aus Pisa**
- **Grobes Meersalz**
- **Italienisches Meersalz**

1 Hartweizengrieß, Zucker und 1 ½ TL Salz in einer Schüssel mischen. Hefe ins lauwarme Wasser bröseln und unter Rühren darin auflösen. 4 EL Olivenöl und Hefemischung zur Mehlmischung geben und mit den Knethaken des Handrührgerätes zu einem glatten Teig verkneten. Zugedeckt an einem warmen Ort ca. 45 Minuten gehen lassen. Anschließend nochmals mit bemehlten Händen auf einer bemehlten Arbeitsfläche gut durchkneten.
2 Ein Backblech (32 x 39 cm) fetten und mit Mehl bestäuben. Teig darauf ausrollen. Nochmals zugedeckt ca. 30 Minuten an einem warmen Ort gehen lassen.
3 Inzwischen die Auberginen waschen und der Länge nach dünn aufschneiden. Auberginenscheiben mit Salz bestreuen und

10 Minuten ziehen lassen. Hähnchenbrustfilet in Streifen schneiden und fein hacken. Gehacktes mit Paprikapulver und 1 EL Öl mischen. Auberginenscheiben gründlich mit Küchenpapier trocken tupfen. Thymian waschen, trocken schütteln, Blättchen grob von den Stielen zupfen.

4 Den Backofen auf 200 Grad Celsius/Gas Stufe 6 vorheizen. Mit den Fingern kleine Mulden in die Focaccia drücken, dann die Auberginenscheiben darauf legen. Hackfleisch und Pinienkerne darauf verteilen und mit ¾ des Thymians bestreuen.

5 Im vorgeheizten Backofen ca. 20 Minuten goldbraun backen. Aus dem Ofen nehmen, mit dem restlichen Thymian und etwas grobem Salz bestreuen und servieren.

Zucchini-Hack-Röllchen mit Paprikachutney

Für 4 Personen

Zubereitung 60 Minuten

- **5 Stiele frischer Thymian**
- **2 Zucchini**
- **400 g Lammhackfleisch**
- **1 Ei**
- **3 EL Semmelbrösel**
- **2 EL Tomatenmark Doppio Concentrato di Pomodoro**
- **2 EL naturtrübes Olivenöl Extra Vergine, zzgl. etwas Öl zum Fetten des Blechs**
- **3 gelbe Paprika**
- **1 rote Paprika**
- **1 Zwiebel, geschält, gewürfelt**
- **2 Knoblauchzehen, geschält, gewürfelt**
- **300 ml Gemüsebrühe**
- **Paprikapulver edelsüß**
- **2 EL Balsamico Bianco (heller Balsamicoessig)**
- **Einige Blätter Basilikum zum Garnieren**
- **Italienisches Meersalz und frisch gemahlener schwarzer Pfeffer**
- **10 Holzspieße**

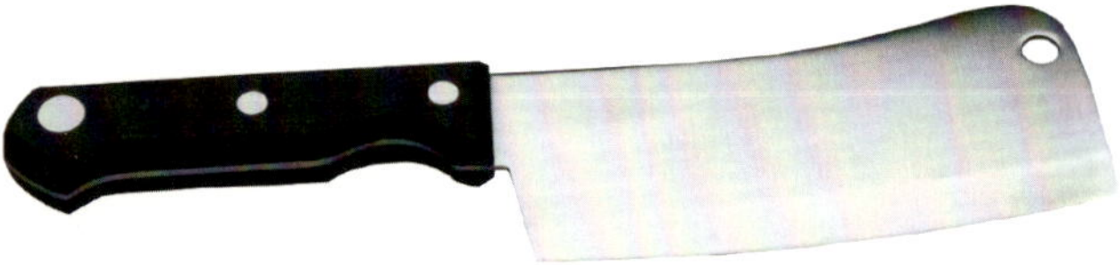

1 Thymian waschen, trocken schütteln und fein hacken. Zucchini waschen, putzen und mit einem Gemüsehobel in 20 lange, breite Streifen hobeln.
2 Hackfleisch mit Ei, Semmelbröseln, gehacktem Thymian und Tomatenmark verkneten, mit Salz und Pfeffer würzen. 20 kleine ovale Frikadellen formen und jeweils eine Frikadelle auf jeden Zucchinistreifen legen. Zucchinistreifen mit der Füllung aufrollen. Jeweils 2 Röllchen auf 1 Holzspieß stecken.
3 Backofen auf 175 Grad/Gas Stufe 4 vorheizen. 1 EL Öl in einer Pfanne erhitzen und die Spieße nacheinander darin von beiden Seiten 3–4 Minuten anbraten. Spieße aus der Pfanne nehmen und auf ein leicht gefettetes Backblech legen. Im vorgeheizten Backofen ca. 10 Minuten garen.
4 Inzwischen Paprika halbieren, putzen, waschen und farblich getrennt in kleine Würfel schneiden. 1 EL Öl in einem Topf erhitzen. Zwiebel und Knoblauch kurz darin anbraten, dann die gelben Paprikawürfel zugeben, kurz andünsten, Brühe zugießen und ca. 8 Minuten bei mittlerer Hitze köcheln lassen. Die Soße mit dem Stabmixer leicht pürieren, dann die roten Paprikawürfel zugeben und das Chutney mit Salz, Pfeffer, etwas Paprikapulver und Essig abschmecken. Zucchinispieße auf einer Platte anrichten, mit Basilikum garnieren und servieren. Paprikachutney dazu reichen.

„In Sizilien sind Frauen gefährlicher als Schießeisen."
(Aus „Der Pate I", 1971)

Rigatoni nach sizilianischer Art

Für 4 Personen

Zubereitung 35 Minuten

- **100 g piemontesische Haselnüsse**
- **100 g Rosinen**
- **2-3 kleine getrocknete kalabrische Peperoncini**
- **3 EL Butter**
- **100 g gemahlene Walnüsse**
- **2 Zimtstangen**
- **50 ml Pinot Grigio Weißwein**
- **200 ml Kalbsfond**
- **½ Bund Basilikum**
- **Abgeriebene Schale von ½ Bio-Zitrone**
- **400 g Rigatoni di Gragnano**
- **Italienisches Meersalz und frisch gemahlener schwarzer Pfeffer**

1 Haselnüsse in einer Pfanne ohne Zugabe von Fett rösten, bis sie anfangen zu duften. Aus der Pfanne nehmen, grob hacken und beiseite stellen. Rosinen ebenfalls grob hacken, Peperoncini fein hacken.

2 Butter in einer Pfanne bei mittlerer Hitze schmelzen lassen. Haselnüsse, Rosinen, Peperoncini, Walnüsse und Zimtstangen zugeben und unter Rühren mitrösten. Mit Weißwein ablöschen, diesen verkochen lassen und den Kalbsfond zugeben.

3 In der Zwischenzeit die Pasta in kochendem Salzwasser al dente kochen, dann abgießen.
4 Basilikumblättchen grob zupfen und gemeinsam mit der Zitronenschale in die Nusssoße geben, mit Salz und Pfeffer abschmecken. Rigatoni und Nusssoße vermischen und sofort servieren.

Linguine al Limone mit scharf-marinierten Garnelen

Für 4 Personen

Zubereitung 30 Minuten zzgl. 5–6 Stunden Marinierzeit

- **4 EL Chili-Olivenöl**
- **2–3 getrocknete rote kalabrische Peperoncini, fein gehackt**
- **2 Knoblauchzehen, geschält, fein gehackt**
- **300 g rohe Garnelen**
- **400 g Linguine al Limone**
- **300 g TK-Blattspinat**
- **1 EL Butter**
- **2 Knoblauchzehen, geschält, fein gehackt**
- **Italienisches Meersalz und frisch gemahlener schwarzer Pfeffer**

1 Für die Garnelenmarinade Olivenöl, Peperoncini und Knoblauch verrühren und die Garnelen 5–6 Stunden darin einlegen.
2 Die Pasta nach Packungsanweisung al dente kochen. In den letzten 5 Minuten der Pastakochzeit den tiefgekühlten Spinat zugeben und mitkochen, dann abgießen.
3 In der Zwischenzeit etwas scharfes Marinaden-Öl in einer großen Pfanne erhitzen. Die Garnelen aus der Marinade nehmen und in der heißen Pfanne anbraten, bis sie von beiden Seiten goldbraun, innen aber noch etwas glasig sind. Mit Salz und Pfeffer würzen und die Marinade zugeben. Aufkochen lassen, dann vom Herd nehmen.
4 Butter in einer weiteren Pfanne erhitzen und den Knoblauch darin anschwitzen. Die Pasta darin schwenken und salzen.
5 Pasta auf vier tiefen Tellern verteilen und mit den scharfen Garnelen garnieren. Nach Belieben etwas von der heißen Marinade über die Garnelen träufeln.

Pasta mit pikantem Ragù

Für 4 Personen

Zubereitung 3,5 Stunden

- **800 g Rindergulasch**
- **4 EL naturtrübes Olivenöl Extra Vergine**
- **2 mittelgroße Zwiebeln, geschält, gewürfelt**
- **2 Knoblauchzehen, geschält, gehackt**
- **2 Lorbeerblätter**
- **1 TL Wacholderbeeren**
- **1 TL schwarze Pfefferkörner**
- **2 getrocknete rote kalabrische Peperoncini**
- **100 ml Marsala Wein**
- **500 ml Rotwein Nero d'Avola IGT**
- **600 ml Fleischbrühe**
- **1 Zweig frischer Rosmarin**
- **3 Zweige frischer Thymian**
- **40 g getrocknete Steinpilze, fein gehackt**
- **400 g Eliche di Gragnano**
- **Italienisches Meersalz und frisch gemahlener schwarzer Pfeffer**

1 Fleisch in einem großen Topf in 2 EL Olivenöl rundherum scharf anbraten, bis die Fleischwürfel von allen Seiten gebräunt sind. Dann herausnehmen und beiseite stellen.
2 Zwiebeln und Knoblauch bei mittlerer Hitze im selben Topf in 2 EL Öl anschwitzen. Lorbeerblätter, Wacholderbeeren und Pfefferkörner in ein Gewürzsäckchen geben und dieses gut verschließen. Zu Zwiebeln und Knoblauch in den Topf geben, die Peperoncini in den Topf bröseln und alles kurz mitbraten. Mit Marsala ablöschen. Sobald der Marsala verkocht ist, den Rotwein angießen und wieder einkochen lassen.
3 Das Fleisch wieder in den Topf geben und die Brühe angießen. Rosmarin- und Thymianzweige hineingeben und kräftig mit Salz und Pfeffer würzen. Abgedeckt bei kleiner bis mittlerer Hitze ca. 2 Stunden köcheln lassen. In dieser Zeit immer wieder umrühren, sodass nichts am Topfboden ansetzt.
4 Nach 2 Stunden Garzeit die gehackten Steinpilze unterrühren und eine weitere Stunde köcheln lassen. Bei Bedarf weitere Flüssigkeit (Wein oder Brühe) zufügen oder stärker einkochen lassen, sodass die gewünschte Konsistenz entsteht. Das Gewürzsäckchen entfernen und das Ragù erneut abschmecken.
5 Die Pasta nach Packungsanweisung in kochendem Salzwasser al dente kochen, dann abgießen und zusammen mit dem Ragù servieren.

TIPP: Für schärfere Pasta einfach getrocknete oder frische Peperoncini zum Kochwasser geben. Übrig gebliebene Reste des Ragùs schmecken auch aufgewärmt kriminell gut!

Trofie mit scharfem Pesto

Für 4 Personen
Zubereitung 35 Minuten

- **2 TL Kapern in Salz**
- **2 EL Mandeln**
- **15 getrocknete Kirschtomaten**
- **2 kleine frische rote kalabrische Peperoncini**
- **½ Bund Petersilie**
- **2 EL frisch geriebener Parmesan (36 Monate gereift), zzgl. etwas mehr zum Servieren**
- **7 EL intensiv-fruchtiges Olivenöl Extra Vergine**
- **400 g ligurische Trofie**
- **150 g scharfe italienische Salami**
- **Italienisches Meersalz und frisch gemahlener schwarzer Pfeffer**

1 Kapern unter fließendem kalten Wasser abspülen, danach auf Küchenpapier abtropfen lassen. Mandeln in einer Pfanne ohne Zugabe von Fett rösten, bis sie anfangen zu duften, dann aus der Pfanne nehmen und grob hacken.
2 Kapern, Mandeln, Tomaten, Peperoncini, Petersilie, Parmesan und Olivenöl in ein hohes Gefäß geben und mit dem Stabmixer pürieren. Nach Belieben weiteres Olivenöl unterrühren, um die gewünschte Konsistenz zu erreichen. Mit Salz und Pfeffer abschmecken und beiseite stellen.
3 Trofie nach Packungsangabe al dente kochen.
4 In der Zwischenzeit Salami in dünne Scheiben schneiden. In einer Pfanne ohne Zugabe von Fett von beiden Seiten knusprig braten, dann auf Küchenpapier abtropfen lassen.
5 Die Trofie abgießen und tropfnass zurück in den Topf geben. Das Pesto unterrühren und die Trofie auf 4 Tellern anrichten. Mit den Salamischeiben garnieren und sofort servieren.

Kalabrische Paccheri

Für 4 Personen
Zubereitung 25 Minuten

- **400 g Paccheri di Gragnano**
- **100 g gewürfelter Südtiroler Speck**
- **2 Knoblauchzehen, geschält, gehackt**
- **1 mittelgroße Zwiebel, geschält, gewürfelt**
- **1-2 getrocknete kalabrische Peperoncini, zerbröselt**
- **400 g stückige San Marzano Tomaten (aus der Dose)**
- **Einige Blätter Basilikum zum Servieren**
- **Frisch geriebener Parmesan zum Servieren**
- **Italienisches Meersalz und frisch gemahlener schwarzer Pfeffer**

1 Paccheri in kochendem Salzwasser nach Packungsangabe al dente kochen, dann abgießen und abtropfen lassen.
2 Speck in einer Pfanne bei hoher Hitze ohne Zugabe von Fett anbraten, Knoblauch und Zwiebeln zugeben und mitbraten. Peperoncini zugeben und nach 1 Minute mit den San Marzano Tomaten ablöschen. Mit Meersalz und Pfeffer würzen und 10 Minuten bei mittlerer Hitze köcheln lassen.
3 Paccheri mit der scharfen Tomaten-Speck-Soße servieren und nach Belieben mit etwas grob gezupftem Basilikum und Parmesan garnieren.

Gestürzter Tomatenkuchen

Für 4 Personen

Zubereitung 45 Minuten

- **5–6 Tomaten (verschiedene Sorten gemischt)**
- **1 Zweig frischer Rosmarin**
- **2 EL mittelfruchtiges Olivenöl Extra Vergine**
- **2 EL Zucker**
- **2 Knoblauchzehen, geschält, gehackt**
- **1 Packung Blätterteig (Kühlregal)**
- **Italienisches Meersalz und frisch gemahlener schwarzer Pfeffer**

1 Backofen auf 200 Grad Celsius/Gas Stufe 6 vorheizen. Tomaten waschen, vom Strunk befreien und quer halbieren. Rosmarinnadeln fein hacken.

2 Olivenöl in eine ofenfeste Pfanne geben und den Zucker hineinstreuen. Bei mittlerer Hitze erhitzen und die Tomaten mit der Schnittfläche nach unten dicht an dicht in die Pfanne legen. Braten, bis die Unterseite der Tomaten zu karamellisieren beginnt. Knoblauch und Rosmarin zugeben und die Pfanne vom Herd nehmen.

3 Blätterteig aus der Packung nehmen, entrollen und als Deckel auf die Pfanne legen. Überstehenden Teig ringsum abschneiden und den Teig mehrfach mit einer Gabel einstechen.

4 Den Tomatenkuchen im vorgeheizten Ofen etwa 20 Minuten backen, bis der Blätterteig gar und goldbraun ist. Bei Bedarf mit Alufolie abdecken, falls die Oberfläche droht, zu dunkel zu werden.

5 Den Tomatenkuchen aus dem Ofen nehmen, kurz abkühlen lassen und auf eine Platte stürzen. Kräftig mit Salz und Pfeffer würzen und servieren.

Zitronen-Lammkeule mit Ofengemüse

Für 4–6 Personen

Zubereitung 3,5 Stunden

- **3 Zwiebeln, geschält, in Spalten geschnitten**
- **6 Knoblauchzehen, geschält**
- **8 Stiele Zitronenthymian zzgl. etwas mehr zum Garnieren**
- **2 Bio-Zitronen, gewaschen**
- **2 ½ kg Lammkeule mit Knochen**
- **3 EL naturtrübes Olivenöl Extra Vergine**
- **500 ml Gemüsebrühe**
- **1 kg Bundmöhren, geschält, etwas Grün stehen lassen**
- **1,5 kg kleine Kartoffeln**
- **Italienisches Meersalz und frisch gemahlener schwarzer Pfeffer**

1 Die Blättchen vom Thymian abzupfen. Die Schale von einer Zitrone fein abreiben. Zitronen halbieren und Saft auspressen.
2 Backofen auf 175 Grad Celsius/Gas Stufe 4 vorheizen. Fleisch waschen, trocken tupfen und mit Salz und Pfeffer würzen.
Öl in einem Bräter erhitzen und das Fleisch rundherum kräftig darin anbraten, dann aus dem Bräter nehmen.
3 Zwiebeln, Knoblauch, Thymian und die Hälfte der Zitronenschale in das Bratfett geben und unter Wenden anbraten.
Mit Brühe und Zitronensaft ablöschen. Den Braten in die Brühe geben und mit der restlichen Zitronenschale bestreuen.
Im vorgeheizten Backofen 2 1/2 Stunden braten.
4 Möhren und Kartoffeln gründlich waschen und ca. 45 Minuten vor Ende der Garzeit mit in den Bräter geben und mit etwas Salz würzen. Den Braten mit Zitronenthymian garnieren und zusammen mit den Möhren und Kartoffeln servieren.

Nektarinentarte

Für 4 Personen

Zubereitung 30 Minuten

- **1 Packung Blätterteig (Kühlregal)**
- **1 Prise Farina di Grano Duro (Hartweizengrieß)**
- **4 Nektarinen, in dünnen Spalten**
- **200 g Zucker**
- **2 EL Puderzucker**

1 Den Ofen auf 200 Grad Celsius/Gas Stufe 6 vorheizen.
2 Das Nudelholz mit etwas Hartweizengrieß bestäuben, damit der Teig nicht kleben bleibt. Den Teig ausrollen, sodass er ein wenig größer als im Original wird.
3 Den Teig auf einem mit Backpapier ausgelegten Blech ausbreiten.
4 Die Nektarinen in den Zucker tunken und auf dem Teig verteilen. Dabei ringsum einen kleinen Rand lassen.
Ca. 15 Minuten backen, bis der Teig goldbraun ist.
5 Die Tarte aus dem Ofen nehmen, noch warm mit Puderzucker bestäuben und servieren.

TIPP: Diese Tarte schmeckt besonders gut mit Crème fraîche oder Vanilleeis.

Süße Birnen-Pizza mit Pistazien

Für 4 Personen

Zubereitung 80 Minuten

- **75 ml Milch**
- **15 g frische Hefe**
- **280 g Pizza Mehl Tipo 00, zzgl. 2 EL**
- **80 g Zucker, zzgl. 1 EL**
- **1 Prise italienisches Meersalz**
- **50 g weiche Butter**
- **1 Ei**
- **4 Eigelb**
- **1 Bio-Zitrone**
- **100 g Mascarpone**
- **4 Birnen**
- **2 EL Puderzucker, zzgl. etwas Puderzucker zum Bestäuben**
- **3 EL gehackte sizilianische Pistazienkerne**

1 Milch lauwarm erwärmen. Hefe in die Milch bröseln und mit 2 EL Mehl und 1 EL Zucker verrühren. An einem warmen Ort ca. 15 Minuten gehen lassen. Vorteig mit 280 g Mehl, 20 g Zucker, Salz, Butter, Ei und 2 Eigelb zu einem glatten Teig verkneten. An einem warmen Ort zugedeckt ca. 30 Minuten gehen lassen. Den Teig dann in vier gleich große Stücke teilen und auf der bemehlten Arbeitsfläche rechteckig ausrollen (ca. 15 x 8 cm) und auf ein mit Backpapier ausgelegtes Backblech legen. Nochmals ca. 20 Minuten gehen lassen.

2 Zitrone gründlich waschen und trocken reiben. Schale fein abreiben, die Zitrone dann halbieren und den Saft auspressen.

Mascarpone, übrigen Zucker, 2 Eigelb, Zitronenschale und 2 EL Zitronensaft verrühren. Birnen waschen, vierteln, Kerngehäuse entfernen und in Spalten schneiden. Birnen mit dem Puderzucker mischen.

3 Backofen auf 175 Grad Celsius/Gas Stufe 4 vorheizen. Mascarpone-Mischung gleichmäßig auf die Böden streichen. Birnen darauf verteilen und mit den Pistazien bestreuen. Pizzen im vorgeheizten Backofen ca. 20 Minuten backen. Abkühlen lassen, mit Puderzucker bestäuben und servieren.

Sizilianische Mandarinen-Crostata

Für 1 Tarteform (26 cm Ø)
Zubereitung 90 Minuten

- **300 g italienisches Mehl Farina Tipo 00**
- **100 g Zucker**
- **200 g kalte Butter, in kleinen Stückchen**
- **1 Prise italienisches Meersalz**
- **1 Ei**
- **Abgeriebene Schale von 1 Bio-Zitrone**
- **1 Glas sizilianische Mandarinenmarmelade**
- **Etwas Mehl (Farina Tipo 00) und Butter für die Form**

1 Mehl, Zucker, Butter, Salz, Ei und Zitronenschale gut verkneten, bis sich ein geschmeidiger Teig ergibt. Diesen zu einer Kugel formen, in Frischhaltefolie wickeln und 30 Minuten kühl stellen.
2 Backofen auf 180 Grad Celsius/Gas Stufe 4 vorheizen. Eine Tarteform mit Butter einfetten und mit Mehl ausstäuben.
3 Ein Drittel des Teiges abnehmen und wieder in den Kühlschrank geben. Den restlichen Teig ausrollen und die Tarteform an Boden und Rand damit auskleiden. Den Boden mehrfach mit einer Gabel einstechen. Die Marmelade auf den Teig geben und verstreichen.
4 Nun den beiseite gelegten Teig ebenfalls dünn ausrollen und in 1–1,5 cm breite Streifen schneiden. Diese gitterförmig darüber legen und die Crostata im vorgeheizten Ofen ca. 40 Minuten goldgelb backen. Sollte die Crostata zu dunkel werden, einfach mit etwas Alufolie abdecken. Aus dem Ofen nehmen, in der Form auskühlen lassen, dann servieren.

Fruchtige Kirsch-Crostata

Für 1 Tarteform (26 cm Ø)
Zubereitung 90 Minuten

- **300 g italienisches Mehl Farina Tipo 00**
- **200 g kalte Butter, in kleinen Stückchen**
- **250 g Zucker**
- **1 Prise Salz**
- **1 Ei**
- **350 g Amarena-Kirschen**
- **200 ml Kirschsaft**
- **1 TL Zimt**
- **1 Msp. Nelkenpulver**
- **2 EL Speisestärke**
- **Etwas kaltes Wasser**
- **Abgeriebene Schale und Saft von ½ Bio-Zitrone**
- **Etwas Mehl (Farina Tipo 00) und Butter für die Form**

1 Mehl, kalte Butter, 100 g Zucker, Salz und Ei gut verkneten, bis sich ein geschmeidiger Teig ergibt. Diesen zu einer Kugel formen, in Frischhaltefolie wickeln und 30 Minuten kühl stellen.
2 In der Zwischenzeit die Kirschfüllung zubereiten. Dazu die Amarena-Kirschen mit Kirschsaft, 150 g Zucker, Zimt und Nelken aufkochen und mit Speisestärke (mit etwas kaltem Wasser angerührt) abbinden. Abgeriebene Schale und Saft der halben Zitrone zu den Amarena-Kirschen geben und gut verrühren. Vom Herd nehmen und abkühlen lassen.
3 Backofen auf 180 Grad Celsius/Gas Stufe 4 vorheizen. In der Zwischenzeit eine Tarteform mit Butter einfetten und mit Mehl ausstäuben.
4 Den Teig ausrollen und die Tarteform an Boden und Rand

damit auskleiden. Den Boden mehrfach mit einer Gabel einstechen. Die Kirschfüllung auf den Boden geben und verstreichen.

5 Die Crostata im vorgeheizten Ofen etwa 40 Minuten goldgelb backen. Sollte sie zu dunkel werden, einfach mit etwas Alufolie abdecken.

6 Die Crostata aus dem Ofen nehmen und in der Form auskühlen lassen.

Rache ist süß – genau wie diese gefährlich leckere Variante einer fruchtigen italienischen Tarte.

Crostata mit Schokoladenfüllung

Für 1 Tarteform (26 cm Ø)

Zubereitung 90 Minuten

- **350 g italienisches Mehl Farina Tipo 00**
- **190 g Zucker**
- **200 g kalte Butter, in kleinen Stückchen**
- **1 Prise Meersalz**
- **1 Ei**
- **150 g piemontesische Zartbitterschokolade 70%, grob gehackt**
- **500 ml warme Milch**
- **30 g Butter**
- **1 Msp. Nelkenpulver**
- **1–2 EL Rum, nach Belieben**
- **Etwas Mehl (Farina Tipo 00) und Butter für die Form**

1 300 g Mehl, 100 g Zucker, Butter, Meersalz und Ei gut verkneten, bis sich ein geschmeidiger Teig ergibt. Diesen zu einer Kugel formen, in Frischhaltefolie wickeln und 30 Minuten kühl stellen.
2 In der Zwischenzeit die Schokoladenfüllung zubereiten. Dazu 50 g Mehl, 90 g Zucker und Schokolade in einem Topf bei sehr kleiner Hitze langsam schmelzen lassen, dabei immer wieder rühren. Nach und nach die warme Milch zugeben und unterrühren. Etwa 5 Minuten köcheln lassen, dann die Creme vom Herd nehmen und die Butter unterrühren. Wenn die Masse glatt ist, Nelkenpulver und nach Belieben Rum unterrühren. Die Creme beiseite stellen und abkühlen lassen.
3 Backofen auf 180 Grad Celsius/Gas Stufe 4 vorheizen. In der Zwischenzeit eine Tarteform mit Butter einfetten und mit Mehl ausstäuben.

4 Ein Drittel des Teiges abnehmen und wieder in den Kühlschrank geben. Den restlichen Teig ausrollen und die Tarteform an Boden und Rand damit auskleiden. Den Boden mehrfach mit einer Gabel einstechen. Die Schokoladenfüllung auf den Boden geben und verstreichen.
5 Nun den beiseite gelegten Teig ebenfalls dünn ausrollen und in 1–1,5 cm breite Streifen schneiden. Diese gitterförmig über die Crostata legen und im vorgeheizten Ofen etwa 40 Minuten goldgelb backen. Sollte die Crostata zu dunkel werden, einfach mit etwas Alufolie abdecken.
6 Die Crostata aus dem Ofen nehmen und in der Form auskühlen lassen.